AF461337

COLLECTION

DES

MORALISTES ANCIENS.

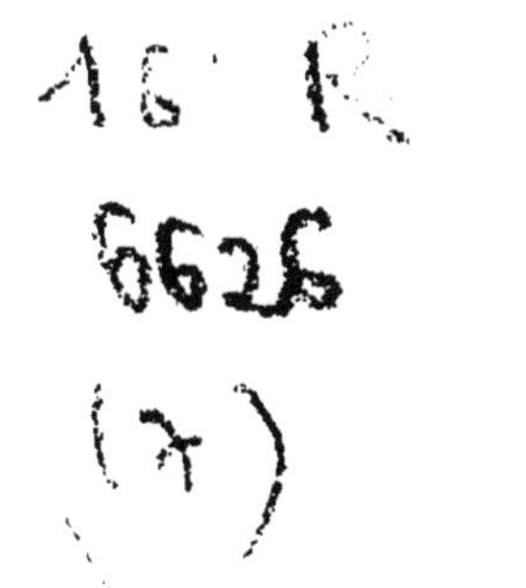

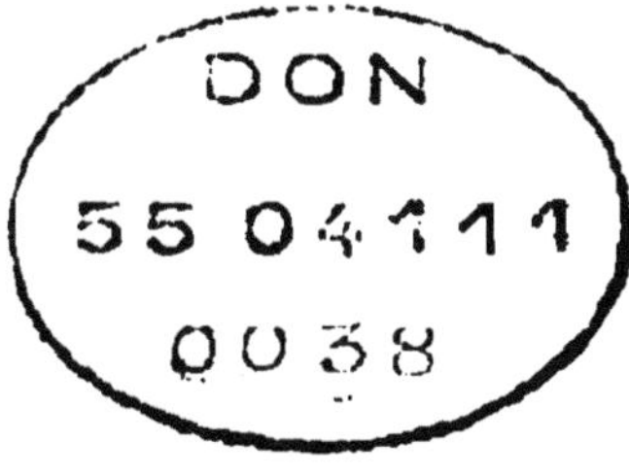

COLLECTION

DES

MORALISTES ANCIENS,

DÉDIÉE AU ROI.

A PARIS,

Chez DIDOT L'AÎNÉ, Imprimeur du Clergé, en ſurv. rue Pavée S. A.

Et DE BURE L'AÎNÉ, Quai des Auguſtins.

M. DCC. LXXXII.

PENSÉES MORALES D'ISOCRATE,

EXTRAITES DE SES ŒUVRES,

ET TRADUITES

PAR M. L'ABBÉ AUGER.

VIE ABRÉGÉE D'ISOCRATE.

ISOCRATE naquit à Athenes dans la premiere année de la quatre-vingt-ſixieme olympiade, cinq ans avant la guerre du Péloponeſe, & quatre cents trente-ſix ans avant l'ere chrétienne (1). Théodore, ſon pere, étoit marchand d'inſtruments de muſique, qu'il faiſoit fabriquer

(1) Dans un diſcours préliminaire mis à la tête de la traduction des œuvres completes d'Iſocrate, qui ſe trouve à Paris chez De Bure, Jombert jeune & Barrois jeune,

par des esclaves. Ce commerce l'enrichit assez pour qu'il pût vivre dans l'abondance, & donner à ses enfants la meilleure éducation. Plus heureux que Démosthene, dont la premiere jeunesse fut totalement négligée, Isocrate fut formé à l'éloquence par les plus habiles maîtres de son temps. Il eut l'avantage d'être instruit par Prodicus, Gorgias, Tisias, Théramene, presque tous revêtus d'emplois publics, & enseignant, au milieu de l'exercice des

---

on a présenté en détail & assez au long tout ce qui concerne la vie de cet orateur, son caractere & son éloquence. On se con-

charges les plus honorables, l'art de la parole, qui les y avoit fait parvenir.

Toute l'ambition d'Iſocrate auroit été de ſervir ſa patrie comme orateur, & de ſignaler ſes talents & ſes vertus dans le gouvernement de l'état : mais la foibleſſe de ſa voix, & une timidité inſurmontable, ne lui permirent jamais de parler à la tribune. Il ſe borna donc à compoſer des diſcours ſur différents ſujets, & à ouvrir une école

tente ici de donner un court abrégé de ſa vie, & de le faire connoître ſur-tout comme philoſophe & moraliſte.

d'éloquence, où il forma des disciples. Il ſortit de ſon école non ſeulement de grands orateurs, mais des maîtres habiles, de fameux politiques, d'excellents écrivains en tout genre.

Il pouſsa fort loin ſa carriere, ſans éprouver aucune de ces incommodités qui sont preſque inséparables du grand âge. Cicéron cite la vieilleſse d'Iſocrate comme un exemple de ces vieilleſses douces & agréables que procure ordinairement une vie tranquille, sage & bien réglée. Dans ſes dernieres années, il compoſa ſon Panathénaïque, que nous avons encore, &

dans lequel on voit briller quelques étincelles de ſon ancien génie.

La perte de la bataille de Chéronée lui cauſa le plus vif chagrin ; & l'on peut dire qu'il fut un de ceux que ce funeſte revers enleva à la ville d'Athenes. Il en prévit toutes les suites ; & ne pouvant ſurvivre à la liberté de ſa patrie, il s'obſtina pendant pluſieurs jours à ne prendre aucune nourriture, & mourut enfin dans la quatre-vingt-dix-neuvieme année de ſon âge.

Si les auteurs ſe peignent dans leurs écrits, on ne peut concevoir une trop grande idée du caractere d'Iſocrate. On y voit par-tout d'excellentes leçons de morale pour les républiques, pour les monarques, & pour les particuliers : on y trouve, ſur la religion, des idées auſſi ſaines qu'on puiſse en attendre d'un philoſophe né dans le ſein du paganiſme & abandonné à ſes ſeules lumieres. Les fables indécentes au ſujet des dieux, que le génie des poètes avoit accréditées, le révoltoient; & dans un de ſes diſcours il déclame avec force contre les principaux inventeurs de l'ancienne mythologie. Tous ſes ouvrages annoncent une nobleſse d'ame & une généroſité dont il avoit donné pluſieurs traits frappants dans le cours de ſa vie.

Beaucoup de perſonnes ſe sont fait de cet orateur une idée abſolument fauſse ; elles ne le regardent que comme un écrivain poli & agréable, & ne s'aviſent guere de chercher en lui un grand philoſophe & un excellent moraliſte. Pour les détromper, il ſuffit de rapporter les témoignages de Platon & de Denys d'Halicarnaſse. Écoutons d'abord Platon, qui, dans ſon dialogue intitulé PHEDRE, fait parler ainſi Socrate :

« Iſocrate eſt jeune, mon cher
« Phedre, mais je veux vous dire ce
« que j'en augure. Je le trouve d'un
« génie bien ſupérieur à Lyſias pour

« l'éloquence, ſans compter qu'il a « plus de goût pour la vertu & pour « la ſaine morale. De sorte qu'avec « le temps, & s'il persévere dans le « genre d'étude auquel il s'appli- « que, il ne faudroit pas s'étonner « qu'il l'emportât un jour ſur tous « les orateurs qui l'ont précédé, « autant qu'un homme l'emporte « ſur un enfant : ou s'il ne trouve « pas dans cette étude de quoi ſe « ſatisfaire, on le verra peut-être, « saiſi d'un mouvement divin, s'é- « lever à quelque choſe de plus ſu- « blime ; car ce jeune homme eſt « naturellement philoſophe. »

Denys d'Halicarnaſse n'eſt pas

moins favorable à Isocrate que Platon. « Ce qui rend à jamais Isocrate « digne d'éloge, dit ce critique judicieux, c'est le choix de ses sujets, « toujours nobles, toujours grands, « toujours dirigés vers l'utilité publique. Il ne se proposa pas seulement d'embellir l'art de la parole, « il voulut perfectionner les ames, « & apprendre à ses disciples à gouverner leur famille, leur patrie, « le corps entier de la Grece. Tous « ses discours respirent & font naître l'amour des vertus publiques « & privées. »

On ne peut rien ajouter à ces témoignages, que l'exposition même de la morale d'Iſocrate : le public verra par lui-même, dans les extraits que nous mettons aujourd'hui sous ſes yeux, ſi Platon & Denys d'Halicarnaſse ont exagéré. Trois de ſes diſcours, dont deux ont été composés pour Nicoclès, roi de Salamine, & dont le troiſieme eſt adreſsé à un jeune Athénien nommé Démonique, nous ont fourni le plus grand nombre de maximes : nous en avons extrait quelques unes des autres diſcours ſur différents ſujets. Nous préſenterons quelquefois en maſse des morceaux un peu plus étendus, pleins de grandes leçons que nous ne devions pas omettre, & que nous n'aurions pu réduire en maximes détachées. Enfin, nous avons tâché de former un corps de morale intéressant, propre à faire connoître le grand écrivain dont nous avons tiré ces excellents préceptes.

Le manuel d'Epictete, qu'on a déjà publié, renferme, ainsi que le discours d'Isocrate à Démonique, une suite de maximes morales plus ou moins étendues ; mais ces maximes sont bien différentes, & pour le fond, & pour la forme. Epictete, philosophe austere, trace des regles & donne des préceptes à tous les hommes, pour leur apprendre à mettre leur vertu & leur bonheur à l'abri de toutes les opinions humaines & de tous les événements. Son sage sera doux & ferme, parcequ'il ne s'effraiera, ne s'irritera, ne s'affligera, ne ſe réjouira de rien ; mais il sera froid & apathique. La morale d'Epictete eſt pure & ſaine, ſon ſtyle eſt vif & précis, mais ſans douceur & ſans grace.

Iſocrate, philoſophe plus agréable & moins ſévere, apprend à ſon jeune diſciple, non ſeulement à ſe maintenir heureux & vertueux au milieu des hommes, mais à plaire à ceux avec leſquels il doit vivre, à ne pas les choquer par ſes manieres, à uſer de prudence & de circonſpection pour ménager ſes intérêts, à ſe prêter quelquefois aux circonſtances des temps & aux goûts des perſonnes. Sa morale, quoique très pure en général, n'eſt pas toujours de la plus exacte ſévérité : la diction en eſt grave, mais douce & moëlleuſe ; l'écrivain s'eſt étudié à contenter l'eſprit par la juſteſſe des idées & la préciſion du ſtyle, à élever l'ame par la grandeur & la nobleſſe des ſentiments, à flatter l'oreille par les charmes & l'harmonie du langage.

APPROBATION.

J'AI lu, par ordre de Monſeigneur le Garde des Sceaux, les PENSÉES MORALES D'ISOCRATE, extraites de ſes œuvres & traduites par M. L'ABBÉ AUGER. Les maximes de cet Orateur philoſophe, rédigées & préſentées avec autant d'élégance que de préciſion, doivent tenir un rang diſtingué dans la collection des Moraliſtes anciens; & je ne vois rien qui puiſſe en empêcher l'impreſſion.

A Paris, ce 25 Avril 1782.

GUYOT.

PENSÉES MORALES D'ISOCRATE.

I.

DANS les diſcours de morale, il ne faut pas chercher des choſes neuves, puiſque ces ſujets ne nous offrent que des vérités ſimples & communes puiſées dans les actions ordinaires de la vie. Le mérite de ces ouvrages eſt de raſsembler, autant qu'il eſt poſſible, les maximes éparſes chez tous les hommes, & de les préſenter d'une maniere intéreſsante.

II.

Les leçons qu'on adreſse aux particuliers ne sont profitables qu'à eux ſeuls : inſtruire les ſouverains ſur leurs devoirs, c'eſt être également utile aux ſouverains & aux peuples; c'eſt aſsurer en même temps l'autorité des uns & la félicité des autres.

III.

Estimez ſur-tout l'homme sage qui a de grandes vues, & soyez perſuadé qu'un ami de bon conſeil eſt, de tous les biens, le plus précieux, le plus néceſsaire, le plus digne d'un roi.

IV.

Croyez que c'eſt contribuer efficacement à étendre votre empire, que de vous inſpirer le goût des connoiſsances utiles.

V.

TELLE sera la ſageſse du ſouverain ; telle sera la gloire & la proſpérité de ſon regne.

VI.

TRAVAILLEZ à ſurpaſser les autres en mérite autant que vous les ſurpaſsez en grandeur & en dignité.

VII.

NE vous imaginez pas que le soin & l'étude, ſi utiles d'ailleurs, ne ſoient d'aucun ſecours pour nous rendre plus vertueux & plus sages : l'homme seroit trop malheureux, ſi, ayant trouvé les moyens de dreſser & d'apprivoiſer les animaux les plus féroces, il ne pouvoit ſe former lui-même à la vertu !

VIII.

RASSEMBLEZ auprès de vous

tout ce qu'il y a de sages dans votre royaume; appellez-en, s'il le faut, des pays les plus éloignés. Recherchez les poètes & les philoſophes les plus eſtimables: écoutez les maximes des uns, pratiquez les leçons des autres. Pour les arts & les talents, contentez-vous d'être juge; mais dans tout ce qui a rapport à la ſcience de régner, soyez jaloux de diſputer vous-même le prix.

IX.

Il n'eſt pas néceſsaire qu'on vous exhorte à vous inſtruire, ſi vous ſentez combien il eſt révoltant que l'inſensé gouverne le sage, & que l'homme ſans mérite commande à l'homme d'un mérite diſtingué. Plus l'ignorance vous aura choqué dans les autres, plus vous serez empresſé vous-même d'acquérir des connoiſsances utiles.

X.

AIMEZ les hommes, aimez vos ſujets : tous les êtres dont le soin nous eſt confié, les hommes, les animaux même, ſi nous ne les aimons, comment pourrions-nous les bien gouverner ? Aimez donc le peuple, & faites-lui aimer votre autorité. Perſuadé que tout gouvernement ſe maintient par l'attention à ménager les intérêts de la multitude, vous ſaurez à la fois la protéger & la contenir ; vous éleverez aux honneurs les plus dignes citoyens, & vous garantirez les autres de l'oppreſſion.

XI.

CHANGEZ & réformez les ordonnances & les coutumes vicieuſes ; adoptez les sages réglements des étrangers, ſi votre ſageſse ne vous en dicte pas de meilleurs ; n'établiſsez que des loix juſtes, utiles, conséquentes, auſſi peu capables de faire naître des démêlés parmi les citoyens, que propres à les terminer promptement : car telles sont les qualités que doivent avoir de bonnes loix. Faites ensorte qu'il ſoit auſſi facile de s'enrichir dans le commerce, que de ſe ruiner en plaidant ; par-là on évitera l'un, & l'on ſe portera avec empreſsement vers l'autre. Que votre juſtice, toujours impartiale, ſoit sourde à la faveur ; & que vos jugements, toujours les mêmes, ne changent qu'avec les objets. La dignité du prince

& l'avantage des peuples demandent que ſes ſentences aient le caractere des bonnes loix, qu'elles ſoient immuables comme elles.

XII.

GOUVERNEZ votre royaume comme un pere gouverne ſa famille. Soyez auſſi magnifique quand il s'agit de déployer l'appareil de la majeſté royale, qu'économe dans votre vie domeſtique & dans l'adminiſtration de vos finances : c'eſt le moyen de ſoutenir l'honneur de votre rang & de ſuffire à tout

XIII.

NE cherchez pas à briller par de ſtériles profuſions qui s'évanouiſſent & ne laiſsent après elles aucune trace ; montrez de la magnificence, ſoit dans les grandes occaſions où il faut paroître, ſoit quand vous voulez acquérir des poſſeſſions ſolides, ou récompenſer des amis fideles. De telles dépenſes ne seront point perdues pour vous, & elles seront plus profitables à vos deſcendants que de vaines ſomptuoſités.

XIV.

RESTEZ inviolablement attaché à la religion de vos peres. Souvenez-vous que l'hommage d'un cœur droit & vertueux honore plus les immortels, que la pompe du culte extérieur & la multitude des victimes : c'eſt par la juſtice qu'on obtient ce qu'on leur demande, plutôt que par les ſacrifices.

XV.

ACCORDEZ les places les plus brillantes à vos parents les plus proches ; mais réſervez les plus importantes à vos amis les plus ſinceres.

XVI.

CROYEZ que votre prudence, la vertu de vos amis, & l'amour de vos ſujets, sont la meilleure garde de votre perſonne : c'eſt par ces moyens ſur-tout que l'autorité s'acquiert & ſe conſerve.

XVII.

LA fortune des particuliers ne doit pas vous être indifférente ; ils ne peuvent ruiner leurs affaires ſans nuire aux vôtres, ni augmenter leurs richeſses ſans accroître vos tréſors. L'opulence de chaque citoyen eſt un fonds aſsuré pour les bons rois (1).

(1) On ne croit pas en général devoir ſe permettre d'ajouter aux maximes d'Iſocrate, qui sont claires par elles-mêmes, &

XVIII.

Que votre royaume ſoit pour tous les étrangers un aſyle sûr ; qu'ils y trouvent une juſtice toujours prompte. S'ils viennent à votre cour, préférez ceux qui sont jaloux de mériter vos bienfaits, à ceux qui vous apportent des préſents : honorer les premiers, c'eſt vous honorer vous-même.

---

faciles à entendre. Mais ici l'on ne peut s'empêcher de citer une parole de Henri IV, qui a beaucoup de rapport avec la maxime préſente. Un ambaſsadeur étranger lui demandoit ce que lui valoit la France : *Ce que je veux*, répondit ce bon roi. C'eſt qu'il procuroit à ſes ſujets toutes les facilités de s'enrichir, & qu'il étoit aſsuré que leur bourſe lui seroit toujours ouverte. Ici rendons hommage à la vérité : c'eſt le principe

XIX.

DANS toutes les circonſtances, montrez-vous ami de la vérité, & religieux obſervateur de vos promeſses : votre ſimple parole doit être plus ſacrée que les ſerments des autres (1).

XX.

NE cherchez pas à gouverner votre peuple par la terreur, ni à in-

---

par lequel ſe conduit le deſcendant de Henri IV, le jeune Roi qui nous gouverne ; c'eſt le principe que ſuivent les miniſtres integres & éclairés qui secondent les intentions du monarque.

(1) « Si la bonne foi & la vérité », diſoit Jean le Bon, roi de France, « étoient bannies de tout le reſte du monde, elles devroient ſe trouver dans la bouche des rois. »

timider l'innocence. Quand vos ſujets auront appris à vous aimer plus qu'à vous craindre, vous les aimerez vous-même ſans les redouter.

XXI.

NE faites rien avec colere; affectez toutefois d'être irrité lorſqu'il eſt à propos. Exact dans la recherche des fautes, soyez modéré dans la punition : que la peine ſoit toujours au-deſsous du délit.

XXII.

QUE votre autorité ne tire ſa force, ni de la dureté du commandement, ni de la rigueur des châtiments, mais de la ſupériorité de votre ſageſse, & de l'opinion où seront tous les citoyens que vous êtes plus éclairé qu'eux-mêmes ſur leurs véritables intérêts.

XXIII.

TACHEZ d'acquérir toutes les connoiſsances propres à un guerrier : toujours prêt à vous défendre, montrez-vous ami de la paix par votre éloignement pour toute uſurpation.

XXIV.

AYEZ pour les états foibles les ménagements que vous deſireriez que des états plus puiſsants euſsent pour vous-même.

XXV.

NE pourſuivez pas toujours vos droits à la rigueur, ne combattez que quand il vous eſt utile de vaincre. On n'eſt point mépriſable lorſque l'on cede pour ſon avantage, mais lorſqu'on triomphe à ſon préjudice.

XXVI.

N'HONOREZ pas du nom de grand celui qui forme des projets au-deſsus de ſes forces, mais celui qui, sage dans ſes deſseins, peut exécuter toutes ſes entrepriſes.

XXVII.

ADMIREZ, non le prince qui sut acquérir un vaſte empire, mais celui qui gouverne ſagement les états qu'il a reçus de ſes peres. Croyez que pour être véritablement heureux, il n'eſt pas beſoin de commander à des peuples innombrables au milieu des périls & des craintes; mais qu'il ſuffit, content de ſa fortune préſente, & ſe montrant tel que l'on doit être, de ne ſe permettre que des deſirs modérés, & de pouvoir les satisfaire.

XXVIII.

NE prenez pas vos amis au hasard ; ne vous attachez qu'à des hommes dignes de votre amitié. Cherchez des miniſtres zélés, plutôt que des courtiſans agréables.

XXIX.

MONTREZ-VOUS difficile dans le choix de vos amis. Préférez toujours ceux qui vous rendront plus parfait, & qui donneront aux autres une plus haute idée de vous-même.

XXX.

ÉPROUVEZ avec soin les hommes qui vous approchent, & perſuadez-vous que les perſonnes éloignées de votre cour vous croiront ſemblable à ceux avec leſquels vous aimerez à vivre.

XXXI.

POUR vous engager à bien choisir vos ministres, n'oubliez jamais que vous êtes responsable de leur conduite.

XXXII.

REGARDEZ comme un ami sûr l'homme sincere qui vous avertit de vos fautes, non celui qui approuve tout ce que vous dites & tout ce que vous faites.

XXXIII.

LAISSEZ à la sagesse la liberté de se faire entendre ; elle s'empressera de vous aider de ses conseils dans les affaires épineuses.

XXXIV.

APPRENEZ à discerner l'ami véritable, du flatteur artificieux ; & jamais vous ne favoriserez le vice au préjudice de la vertu.

XXXV.

ÉCOUTEZ ce que vos courtiſans vous diſent les uns des autres : c'eſt le moyen de connoître à la fois & ceux qui vous font les rapports, & ceux qui en sont l'objet.

XXXVI.

PUNISSEZ la calomnie comme vous puniriez le crime.

XXXVII.

VOUS commandez aux autres; commandez-vous à vous-même : ſongez qu'il eſt indigne d'un monarque de ſe rendre eſclave de ſes paſſions ; qu'il doit être maître de ſes deſirs plus que de ſes ſujets.

XXXVIII.

NE vous applaudiſsez pas de ce qui pourroit être l'ouvrage du méchant ; tirez votre principale gloire de la vertu, qui n'a rien de commun avec le vice.

XXXIX.

LES honneurs les plus ſolides ne sont pas ceux que l'on vous rend publiquement; ils ne sont que trop ſouvent arrachés par la crainte. Ce qui doit vous flatter, c'eſt de voir les citoyens, dans le ſein de leur famille, admirer la grandeur de votre ame, plutôt que l'élévation de votre rang.

XL.

S'IL vous arrive d'avoir des goûts mépriſables, cachez-les: mais que votre ardeur pour les grandes choſes ne craigne point de ſe montrer.

XLI.

N'EXIGEZ pas des ſimples particuliers qu'ils ſoient réglés dans leur vie, tandis que vous vous permettrez de vivre ſans regle : soyez au contraire un modele de ſageſse ; car le peuple prend exemple ſur ſes maîtres.

XLII.

La meilleure preuve pour vous de la proſpérité de votre regne, ce sera d'être enfin parvenu à rendre vos sujets plus riches & plus sages.

XLIII.

Soyez plus jaloux de laiſser à vos enfants de la gloire que des richeſses. Celles-ci sont périſsables, la gloire eſt immortelle. L'or peut être le prix de la gloire ; mais la gloire ne s'achete pas au poids de l'or. Les hommes ſans mérite peuvent être riches ; le mérite ſeul peut être célebre.

XLIV.

SOYEZ auſſi magnifique quand vous vous montrez au peuple, que ſimple & auſtere dans votre vie privée, comme il convient à un prince : ainſi la multitude, frappée de l'éclat de votre perſonne, vous croira digne de commander ; & vos favoris, à portée de connoître la force de votre ame, auront de vous la même opinion.

XLV.

OBSERVEZ-VOUS dans vos actions & dans vos paroles : cette attention vous fera éviter bien des fautes.

XLVI.

L'ESSENTIEL ſeroit de ſe maintenir dans les bornes d'une modération exacte : mais comme il n'eſt pas facile de déterminer ces limites, préférez de rester en deçà, plutôt que de vous porter au-delà. On est plus près de la modération en n'allant pas jusqu'au but, que quand on le passe.

XLVII.

SOYEZ à la fois grand & populaire. L'air de grandeur convient à la puissance souveraine, la popularité est propre au commerce de l'amitié. Il est difficile de garder un juste milieu : pour l'ordinaire, celui qui affecte de la grandeur, rebute ; celui qui se pique de popularité, s'avilit. Il faut réunir les deux qualités en évitant l'un & l'autre extrême.

XLVIII.

POUR acquérir une connoissance

parfaite des devoirs du ſouverain, joignez l'expérience à l'étude. L'étude vous indiquera les moyens pour agir dans l'occaſion; l'exercice & l'uſage vous en donneront la facilité.

XLIX.

EXAMINEZ la conduite des princes & des particuliers; conſidérez quelles en ont été les suites : le paſsé vous inſtruira pour l'avenir.

L.

LORSQU'ON voit de ſimples citoyens s'expoſer à mourir pour mériter des éloges après leur mort, combien seroit-il peu digne d'un monarque de ſe refuſer à des actions qui doivent le combler de gloire pendant ſa vie!

L I.

FAITES en sorte que les ſtatues & les images laiſsées après vous rappellent moins les traits de votre perſonne, que le ſouvenir de vos vertus.

L I I.

EMPLOYEZ tous vos soins à vous mettre vous & votre royaume à l'abri de tout danger : mais s'il vous faut néceſsairement affronter les périls, plutôt que de vivre dans l'opprobre sachez mourir avec honneur.

L I I I.

QUOI que vous faſſiez, n'oubliez pas que vous êtes roi, & ſouvenez-vous de ne déroger jamais à la majeſté du trône.

LIV.

CRAIGNEZ de mourir tout entier : composé d'un corps fragile & d'une ame immortelle, travaillez du moins à laiſser un éternel ſouvenir de la plus noble portion de vous-même.

L V.

ACCOUTUMEZ-VOUS à parler des belles actions, afin d'apprendre à penſer comme vous parlerez : exécutez ce que vous aura fait approuver une raiſon ſaine.

L V I.

CE que vous admirez, imitez-le : les leçons que vous donneriez à vos enfants, mettez-les vous-même en pratique.

L V I I.

GOUVERNER ou dominer, on

confond ſouvent ces deux choſes, qui cependant sont bien différentes. Celui qui gouverne conſacre tous ſes soins au bonheur de ceux qui lui obéiſsent; celui qui domine, au contraire, fait ſervir à ſes plaiſirs les travaux & les peines de ceux à qui il commande.

LVIII.

UN prince sage, au lieu de ſe procurer des plaiſirs par les peines d'autrui, n'épargne pas ſes peines pour faire le bonheur de ſes sujets.

LIX.

BIEN différent des autres princes qui commandent les travaux & ſe réſervent les plaiſirs, un bon monarque prend ſur lui les peines & met en commun les avantages.

LX.

COMMENT des jours conſacrés au bonheur des peuples ne seroient-ils pas heureux !

LXI.

LES hommages d'un cœur libre & fier sont infiniment plus flatteurs que les baſses adulations d'une ame ſervile.

LXII.

QUAND on agit en tyran, on tombe inévitablement dans les maux qu'entraîne la tyrannie, & tôt ou tard l'on ſouffre ce que l'on faiſoit ſouffrir aux autres.

LXIII.

LE pouvoir tyrannique eſt un fardeau accablant qui peſe ſur les oppreſseurs autant que ſur les opprimés.

LXIV.

Le moyen le plus sûr qu'ait un prince pour n'être pas accablé du poids des affaires, est de s'en occuper : pour lui le vrai repos n'est pas le fruit de l'inaction, mais d'un sage emploi du temps & d'un travail soutenu.

LXV.

Ce n'est point par la sévérité de son visage, mais par la dignité de sa conduite, qu'un vrai monarque cherche à imprimer le respect. Maître de ses passions, & jamais leur esclave, il veut par un travail modéré s'assurer des plaisirs durables, & non se préparer de longues peines par des plaisirs d'un moment.

LXVI.

Ne négligez rien, dit Isocrate à

Philippe, pour vous aſsurer l'amitié d'Athenes. Il eſt bien plus beau de gagner l'affection des villes que de forcer des places. Les conquêtes font toujours des ennemis, & c'eſt aux ſoldats qu'on en attribue la gloire : au lieu que ſi vous vous conciliez la bienveillance & l'amitié des peuples, on applaudira partout à votre politique.

LXVII.

NON, dit encore le même orateur au même prince en lui recommandant un de ſes anciens diſciples qui s'étoit retiré à ſa cour, non, je ne puis croire qu'il ait jamais à ſe repentir de s'être attaché à vous, ſur-tout quand je penſe à la réputation de douceur dont vous jouiſſez, & quand je vois que vous connoiſsez tout l'avantage de gagner par vos bienfaits des amis utiles & fideles, & d'obliger en leurs perſonnes un grand nombre d'autres. Tout homme qui a du mérite sait gré à ceux qui le recherchent partout où il ſe trouve, & croit avoir reçu le bien qu'il voit faire.

LXVIII.

On ne peut trop inculquer aux princes que c'eſt par la bienfaiſance ſeule qu'ils mériteront pour toujours les hommages des mortels : écoutons les réflexions qu'Iſocrate adreſse à Philippe pour lui inſpirer ce noble ſentiment.

REMONTEZ aux âges les plus reculés, & conſidérez qu'aucun poete, qu'aucun orateur ne voudroit prodiguer ſes éloges, ni aux richeſses de Tantale, ni au vaſte empire de Pélops, ni à la puiſsance d'Euryſthée. Mais après avoir célébré Hercule & Thésée, illuſtres par une vertu rare & par un courage ſublime, tous s'empreſseroient de louer les guerriers de Troie & ceux qui leur reſsemblent. Les plus fameux de ces héros n'ont régné que dans des villes modiques & dans des isles étroites; & cependant ils ont rempli toute la terre de la célébrité de leur nom (1). Car, ſans doute, ce ne sont pas ceux d'entre eux qui ſe sont acquis à eux-mêmes une grande puiſsance, que l'on chérit davantage, mais ceux

---

(1) Témoin Ulyſse, dont le nom a été porté ſi loin, quoiqu'il ne régnât que ſur la petite isle d'Ithaque; cette isle, dit Ci-

qui ont rendu à la Grece les ſervices les plus ſignalés.

Et ce n'eſt pas ſeulement pour les héros de Troie qu'on eſt ainſi diſpoſé, mais pour tous les Grecs qui ont marché ſur leurs traces. Par exemple, ſi l'on vante notre république, ce n'eſt point pour avoir acquis l'empire des mers, enrichi ſon tréſor des contributions des alliés, détruit, agrandi, ou gouverné à ſon gré les peuples de ſa domination ; ces avantages, dont nous avons joui autrefois, ne nous ont attiré que des reproches : mais ce que toute la terre admire en nous,

---

céron, qui, placée ſur la pointe d'un rocher, ne paroiſsoit dans l'éloignement que comme un ſimple nid.

ce sont les batailles de Marathon & de Salamine, & principalement le généreux abandon que nous avons fait de notre ville pour le ſalut de la Grece (1). C'eſt d'après la même regle qu'on juge des Lacédémoniens : leur défaite aux Thermopyles eſt plus célébrée que toutes leurs victoires. On contemple avec un ſentiment d'admiration & d'amour le trophée érigé contre eux par les Barbares ; tandis qu'on ne peut voir ſans gémir ceux qu'ils ont érigés eux-mêmes contre les Grecs : l'un eſt pour nous le témoi-

(1) Les Athéniens, pour ſauver la Grece, abandonnerent deux fois leur ville, qui fut deux fois brûlée & ravagée ; la premiere fois par Xerxès, & la ſeconde par Mardonius ſon général.

gnage de valeur, les autres ne sont qu'un monument d'ambition.

LXIX.

Nicoclès, roi de Salamine, dans un discours qu'Isocrate suppose être adressé par ce monarque à ses sujets, leur rend compte des principes de son administration & de sa conduite; principes que nous avons recueillis comme une leçon importante.

POUR vous convaincre de mon exactitude à observer la justice, rappellez-vous dans quelles circonstances je montai sur le trône. Les trésors de mon pere se trouvoient épuisés, les finances étoient dans le plus grand désordre : la confusion régnoit par-tout; tout demandoit les plus grands soins, beaucoup d'attention & de dépenses. Je n'ignorois pas que, dans ces conjonctures, on ſe montre peu délicat ſur les moyens, & que ſouvent on ſe voit forcé d'agir contre ſon caractere. Aucune conſidération ne m'a fait abandonner mes principes; j'ai réglé tout avec l'intégrité la plus ſcrupuleuſe, ſans négliger ce qui pouvoit contribuer à la gloire & à la proſpérité de mon royaume.

Bien éloigné de cette ambition qui convoite les poſſeſſions d'autrui, & qui, pour entreprendre ſur ſes voiſins, n'a beſoin que de ſe croire des forces ſupérieures, on m'a vu réſiſter aux exemples que j'avois sous les yeux, refuſer même les pays qui m'étoient offerts, & préférer de me renfermer dans les limites de mes anciens états, plutôt que d'en reculer les frontieres par la violence & l'injuſtice.

Sur l'article de la tempérance, j'ai encore plus à dire en ma faveur. Je ſavois qu'il n'eſt rien de plus cher aux hommes que leurs femmes & leurs enfants; que les injures faites à ces objets de leur tendreſſe sont celles qu'ils pardonnent le moins; que de pareils outrages occaſionnent les plus triſtes cataſtrophes, & que pluſieurs particuliers, des monarques même, en ont été les victimes. A cet égard je n'ai eu rien à me reprocher; & du premier moment de mon regne, prenant un engagement légitime, je me suis interdit tout autre goût: non que je ne suſse qu'on pardonne aisément ces foibleſses à un prince, pourvu que, dans ſes plaiſirs, il ménage l'honneur de ſes ſujets; mais j'ai voulu que ma conduite fût à l'abri du plus léger ſoupçon, & pouvoir l'offrir pour modèle à mon peuple, sachant que la foule des citoyens aime à prendre exemple ſur ſes maîtres. J'eſtimois auſſi que les rois devoient être plus parfaits que de ſimples particuliers, en proportion de la ſupériorité de leur rang; & il me ſemble que ce seroit en eux le comble de l'injuſtice, de forcer leurs ſujets à ſe tenir dans la regle, tandis qu'ils s'en affranchiroient eux-mêmes. D'ailleurs, voyant des ames aſsez communes qui triomphoient des autres paſſions, & de très grands perſonnages qui s'étoient laiſsé vaincre par la volupté, je me suis fait une gloire de résister à ses attraits, & de m'élever, par cet effort, non au-dessus du simple vulgaire, mais au-dessus des héros les plus recommandables par toute autre vertu. Pour moi, je ne connois rien de si criminel que ces princes qu'on voit, au mépris d'un lien formé pour la vie, changer d'objet tous les jours, &, par leur inconstance, affliger une compagne à laquelle ils ne voudroient rien pardonner. Ces princes, qui, fideles à leurs autres engagements, ne se font aucun scrupule de violer le plus sacré de tous & le plus inviolable, ne sentent point qu'une pareille conduite leur prépare, jusques dans leur palais même, des dissentions & des troubles. Mais un monarque sage, non content de maintenir la paix dans les états qu'il gouverne, doit s'étudier à la faire régner dans ſa propre maiſon, & dans tous les lieux qu'il habite : & ce sont là des devoirs que preſcrivent la tempérance & la juſtice.

D'après ces réflexions & ces motifs, parmi les vertus j'ai préféré la tempérance & la juſtice, & parmi les plaiſirs j'ai choiſi ceux qui naiſſent des actions honnêtes, dont la gloire eſt le fruit.

LXX.

CHACUN de vous (c'eſt un prince qui trace lui-même à ſes ſujets leurs devoirs) chacun de vous doit s'acquitter de ſon emploi avec droiture & avec exactitude : car ſi, faute de l'une ou de l'autre, vous manquez à ce qui vous eſt preſcrit, les affaires manqueront, du moins de votre côté. Gardez-vous donc de dédaigner ou de négliger l'objet qui vous aura été confié; ne vous figurez pas qu'il ſoit pour l'état d'une légere importance; donnez-y la plus ſérieuſe attention, & soyez convaincus que le tout ira bien ou mal, ſelon que chaque partie sera bien ou mal réglée.

LXXI.

PRENEZ soin des affaires publiques comme de vos affaires propres, & ne regardez pas comme un médiocre avantage les honneurs rendus au zele de nos miniſtres.

LXXII.

RESPECTEZ les biens d'autrui,

ſi vous voulez poſséder tranquillement les vôtres.

LXXIII.

SOYEZ à l'égard des autres ce que vous voulez que je sois à votre égard.

LXXIV.

NE vous hâtez pas de vous enrichir : à une grande fortune préférez toujours une bonne réputation. Parmi les Barbares (1), comme parmi les Grecs, ce sont les plus diſtingués par leurs vertus qui jouiſſent de la proſpérité la plus ſolide.

LXXV.

CROYEZ que d'injuſtes profits

---

(1) On sait que les Grecs appelloient Etrangers tous ceux qui n'étoient pas citoyens de leur république, & Barbares, tous ceux qui n'étoient pas Grecs.

sont moins une richeſse qu'un écueil.

LXXVI.

NE regardez ni comme une perte ce que vous donnez, ni comme un gain ce qu'on vous donne. On ne perd pas, on ne gagne pas toujours, en donnant ou en recevant : l'un & l'autre ne sont avantageux que ſelon la circonſtance, & qu'autant que l'on agit par un principe de vertu.

LXXVII.

N'EXÉCUTEZ de mauvaiſe grace aucun de mes ordres : plus vous me rendrez de ſervices, plus vous en retirerez d'utilité.

LXXVIII.

QUE chacun de vous ſe perſuade que le plus ſecret de ſes mauvais desſeins ne peut m'être caché, & que je suis préſent à ſes délibérations en eſprit ou en perſonne. Ce ſentiment vous fera prendre des partis plus ſages.

LXXIX.

NE celez ni ce que vous poſſédez, ni ce que vous faites, ni ce que vous projettez de faire; croyez que le déguiſement ne marche jamais ſans la crainte.

LXXX.

ÉVITEZ dans votre conduite les voies obſcures & détournées : qu'elle ſoit ſi ſimple & ſi franche, qu'elle ne puiſſe donner priſe à la calomnie.

LXXXI.

SOYEZ vous-mêmes les juges de vos actions : comptez qu'elles sont mauvaiſes, ſi vous deſirez que je les ignore; & qu'elles sont bonnes, ſi, parvenues à ma connoiſsance, elles doivent me donner de vous une meilleure opinion.

LXXXII.

Si vous voyez des citoyens agir ſourdement contre mon autorité, ne craignez pas de rompre le ſilence, dénoncez-les : celer le crime, c'eſt le partager.

LXXXIII.

Ne tenez point pour heureux celui qui fait le mal à l'abri du ſecret, mais celui qui sait s'en abſtenir. Tôt ou tard l'un ſubira la peine qu'il mérite, l'autre recevra la récompenſe dont il eſt digne.

LXXXIV.

Ne formez ſans mon aveu ni aſsociations ni aſsemblées : elles peuvent être utiles dans d'autres gouvernements ; dans une monarchie elles seroient dangereuſes.

LXXXV.

NE vous contentez pas de vous abſtenir des fautes, évitez même tout ce qui en pourroit faire naître le ſoupçon.

LXXXVI.

CROYEZ qu'il n'eſt rien de plus ſolide & de plus sûr que ma faveur.

LXXXVII.

TRAVAILLEZ à maintenir la conſtitution préſente, ſans ſoupirer après un changement : les révolutions qui renverſent les états n'épargnent point les fortunes particulieres.

LXXXVIII.

CE n'eſt pas ſeulement le caractere des rois, mais celui des sujets, qui fait la douceur ou la rigueur de l'adminiſtration. L'indocilité de ceux que l'on gouverne force ſouvent de les traiter avec plus de sévérité qu'on ne voudroit.

LXXXIX.

COMPTEZ moins ſur mon indulgence que ſur votre vertu.

XC.

PERSUADEZ-VOUS que votre sûreté dépend de la mienne : ſi mes affaires proſperent, les vôtres proſpéreront auſſi.

XCI.

EST-IL queſtion d'obéir; soyez ſimples, dociles, attachés aux uſages reçus, obſervateurs exacts des ordonnances du ſouverain : mais montrez-vous magnifiques & grands lorſqu'il s'agit de remplir des fonctions publiques, & de faire exécuter mes ordres.

XCII.

EXCITEZ les jeunes gens à la vertu, non ſeulement par des avis & des préceptes, mais en leur apprenant, par votre exemple, ce que doivent être de bons citoyens.

XCIII.

ÉLEVEZ vos enfants dans la ſoumiſſion au prince, & accoutumez-les de bonne heure à faire leur principale étude de l'exercice de cette vertu. Ils seront bien plus en état de commander, quand ils ſauront obéir. Qu'ils ſoient honnêtes & fideles, ils partageront notre profpérité : ils expoferont leur fortune, s'ils sont vicieux & pervers. La plus belle & la plus folide richefse que vous puiffiez leur tranfmettre, c'eft ma bienveillance.

XCIV.

REGARDEZ comme digne d'horreur & de pitié quiconque manque de foi & abufe de la confiance. Un tel homme doit nécefsairement paffer le refte de fa vie dans les alarmes, craindre tout le monde, & fe défier de fes amis comme de fes ennemis mêmes.

XCV.

CE n'eft pas de ceux qui ont d'immenfes richefses qu'il faut envier le sort, mais plutôt de ceux qui n'ont rien à fe reprocher. Une confcience pure fait couler d'heureux jours.

XCVI.

NE vous figurez pas que le vice ſoit plus utile en effet que la vertu, & ne ſoit odieux que de nom : jugez de la différence des choſes par la différence des noms qu'on leur a donnés.

XCVII.

NE portez pas envie aux citoyens qui occupent les premieres places : pleins d'une noble émulation, tâchez, par les mêmes ſervices, de vous élever au même rang.

XCVIII.

CHÉRISSEZ & reſpectez celui qui eſt honoré de la faveur du prince, afin d'obtenir pour vous le même avantage.

XCIX.

CE que vous dites en notre préſence, penſez-le en notre abſence.

C.

TÉMOIGNEZ-NOUS votre affection par des effets, plutôt que par des paroles.

CI.

NE faites pas aux autres ce que vous ne voudriez pas ſouffrir d'eux.

CII.

CE que vous blâmez en autrui, ne le montrez pas en vous-mêmes.

CIII.

ATTENDEZ-VOUS à être heureux ou malheureux, ſelon que vous ſerez bien ou mal diſposés à l'égard de votre prince.

CIV.

NE vous contentez pas de louer les gens de bien; imitez-les.

CV.

QUE mes ſimples paroles ſoient pour vous des loix : ayez soin de vous y conformer, & ſouvenez-vous que, pour réuſſir comme vous le deſirez, vous devez agir comme je l'ordonne.

CVI.

POUR conclure en un mot, ſoyez, à l'égard du prince qui vous commande, tels que vous voulez que ſoient à votre égard ceux qui vous obéiſsent. Attachez-vous ſeulement à ce principe ; il seroit inutile de s'étendre ſur le bien qui peut en réſulter. Si, de mon côté, je continue à vous gouverner comme par le paſsé, & que du vôtre vous me ſoyez toujours également ſoumis, vous ne tarderez pas à voir l'accroiſsement de vos fortunes, l'agrandiſsement de mon empire, & la proſpérité de tout le royaume. De pareils avantages, ſans doute, ne seroient pas trop achetés au prix de tous les périls & de tous les travaux : mais ici votre fidélité ſeule & votre exactitude vous conduiront ſans peine à ce comble de félicité.

CVII.

Démonique, auquel Iſocrate adreſse un diſcours de morale, étoit un jeune Athénien, fils d'un Hipponique connu dans l'hiſtoire d'Athenes par ſa naiſsance, par ſes grandes richeſses, & par ſon mérite perſonnel. Le début du diſcours qui précede les maximes mérite d'être cité en entier : le voici.

LES partiſans du vice & ceux de la vertu sont rarement d'accord, mon cher Démonique ; mais c'eſt principalement au ſujet de l'amitié que leurs ſentiments different. Les uns conſervent de l'affection pour leurs amis, même pendant l'abſence ; les autres, au contraire, ne leur témoignent d'attachement que tandis qu'ils les voient. L'amitié des méchants eſt peu durable ; le temps ne peut altérer celle des gens de bien. Ainſi, puiſqu'il eſt vrai que le deſir de la ſcience & l'amour de la gloire nous portent à imiter ceux qui sont jaloux de ſe concilier l'eſtime publique, je vous envoie ce diſcours comme un gage de mon amitié, & comme une preuve de celle qui m'uniſsoit à Hipponique votre pere : car les enfants, ſans doute, ne doivent pas moins hériter des amis que des biens de leurs parents.

La fortune ſe prête à nos vœux, & nous nous trouvons diſposés l'un & l'autre de la maniere la plus favorable : vous avez une extrême envie d'apprendre ; & je me fais un plaiſir d'enſeigner : vous êtes paſſionné pour l'étude des lettres ; & j'aime à conduire ceux qui ſe livrent à cette étude. S'il eſt bon d'exhorter ſes amis à s'appliquer à l'éloquence, il eſt un autre genre d'inſtruction bien plus intéreſſant ; diriger les jeunes gens, s'occuper à former leurs mœurs, à leur inſpirer la vertu plutôt qu'à les exercer dans l'art de la parole, c'eſt un point d'autant plus eſſentiel, qu'il vaut infiniment mieux les porter à bien vivre, que leur apprendre à bien parler.

Ce ne sont donc pas ici, Démonique, des préceptes d'éloquence, mais des leçons de morale, que j'ai desſein de vous offrir. Il faut que vous appreniez de bonne heure ce que doit rechercher ou éviter un jeune homme de votre âge ; avec quelles perſonnes il doit ſe lier ; enfin, comment il doit régler ſa vie : car il n'y a que ceux qui ſavent ſe conduire, & qui sont entrés dans la vraie route, qui puiſsent arriver au but qu'ils ſe propoſent, & s'aſsurer de la vertu, le plus grand, le plus ſolide de tous les biens. La beauté eſt une fleur que la maladie peut flétrir, & que le temps fait diſparoître : les richeſses, trop ſouvent inſtrument du vice, nous entretiennent dans une vie molle, & portent la jeuneſse à la volupté : la force du corps, jointe à la prudence, n'eſt pas un médiocre avantage; ſeule, elle nuit plus qu'elle ne ſert; autant elle eſt utile aux athletes pour leurs exercices, autant elle eſt préjudiciable aux opérations de l'intelligence. La ſeule vertu eſt toujours profitable; elle n'abandonne pas dans la vieilleſse ceux en qui elle s'eſt accrue & fortifiée avec l'âge; infiniment préférable aux richeſses & à la naiſsance, elle trouve facile ce qui ſembleroit impoſſible, ſupporte avec courage ce qui effraie la multitude, rougit de l'indolence & s'honore du travail. Il eſt aisé de s'en convaincre par les combats d'Hercule, & par les exploits de Thésée : gravée dans l'ame de ces deux héros, la vertu imprima ſur toutes leurs actions le ſceau d'une grandeur dont la durée des ſiecles n'a pu encore effacer la mémoire.

Mais, ſans ſortir de votre famille, ô Démonique, rappellez-vous la conduite de votre pere : c'eſt le plus bel exemple qu'on puiſse vous propoſer à ſuivre.

Fidele à la vertu, il ne s'abandonna jamais à l'oiſiveté. Fortifiant ſon corps par le travail, il affermit ſon ame par l'habitude des périls. Juſte appréciateur des richeſses, il jouiſsoit de ſes biens en homme perſuadé qu'il n'étoit pas immortel, & il les adminiſtroit avec autant d'économie que s'il eût cru ne devoir jamais mourir. Honorable & magnifique, on ne voyoit rien que de noble dans ſa maniere de vivre. Dévoué ſans réſerve à ſes amis, il leur étoit plus attaché qu'à ſes parents mêmes : il ſentoit que, pour former les nœuds de l'amitié, l'inclination a plus de force que la loi ; le choix, que la néceſſité ; les rapports de caractere, que les droits du ſang.

Le temps me manqueroit, ſi je voulois entrer ici dans tous les détails de ſa vie. Peut-être un jour je pourrai l'entreprendre ; qu'il me ſuffiſe maintenant de vous avoir préſenté cette foible eſquiſse, qui peut vous ſervir de modele. Oui, Démonique, vous devez regarder les vertus paternelles comme votre regle,

& vous montrer jaloux de les imiter. Eh quoi! ſi, par leurs couleurs, les peintres peuvent réuſſir à repréſenter les plus beaux traits des êtres vivants, ne seroit-ce pas une honte que des enfants ne suſsent point retracer, par leurs actions, le tableau des vertus de leurs peres? Croyez qu'il n'eſt pas d'athlete qui doive apporter autant de soin pour triompher de ſon rival, que vous en devez prendre pour égaler votre pere en mérite. Songez auſſi que, pour y parvenir, vous devez être attentif à vous remplir l'eſprit d'excellentes maximes : ſi le corps ſe fortifie par des travaux modérés, c'eſt par de ſages inſtructions que l'eſprit ſe perfectionne.

Je vais vous tracer en peu de mots

les préceptes qui me paroiſsent les plus propres à vous faire avancer dans les ſentiers de la vertu, & à vous mériter l'eſtime de tous les hommes.

CVIII.

HONOREZ les immortels par la fidélité à vos ſerments, plus encore que par la multitude des victimes: l'une ne prouve que l'aiſance & la richeſse; l'autre atteſte l'innocence & la vertu. Adorez en tout temps la divinité, mais principalement dans les fêtes publiques: ainſi l'on verra que vous honorez les dieux, & que vous obſervez les loix.

CIX.

COMPORTEZ-VOUS envers vos parents comme vous voudriez que vos enfants ſe conduiſiſsent un jour envers vous-même.

CX.

PARMI les exercices du corps, attachez-vous moins à ceux qui peuvent augmenter vos forces, qu'à ceux qui doivent entretenir votre ſanté, & n'attendez pas d'être fatigué pour les ſuſpendre (1).

CXI.

NE vous permettez ni des ris immodérés ni des diſcours préſomptueux : les uns annoncent un défaut de ſens, les autres décelent la folie.

---

(1) Lycurgue n'auroit pas adopté cette maxime pour ſes Spartiates. Iſocrate, d'un caractere doux, homme d'étude & de cabinet, enſeignant l'éloquence dont il avoit fait une étude particuliere, ne conſeille que des exercices modérés, propres à entretenir la ſanté du corps ſans nuire aux opérations de l'eſprit. L'hiſtoire cependant nous four-

CXII.

CROYEZ qu'il n'eſt jamais bienſéant de dire ce qu'il seroit honteux de faire.

CXIII.

NE montrez pas un front dur & sévere, contentez-vous d'un maintien grave & recueilli : le premier déſigne l'orgueil, l'autre la prudence.

CXIV.

SOYEZ perſuadé que ce qui ſied davantage à un jeune homme, c'eſt

---

nit des exemples de grands perſonnages qui, dans un corps propre à ſoutenir les plus rudes fatigues, ont eu un eſprit cultivé par l'étude, & orné des plus belles connoiſsances, qui ont joint le talent de parler à celui d'agir, & ont su ſe ſervir de la plume auſſi bien que de l'épée.

la modeſtie, la pudeur, l'amour de la tempérance & de la juſtice. Ce sont là les vertus qui doivent former le caractere de la jeuneſse.

CXV.

S'IL vous arrive de commettre quelque action honteuſe, ne vous flattez pas qu'elle puiſse reſter abſolument ignorée : mais quand vous pourriez la dérober à la connoiſsance des autres, elle sera connue de vous.

CXVI.

CRAIGNEZ Dieu. Honorez vos parents. Chériſsez vos amis. Obéiſsez aux loix.

CXVII.

NE recherchez jamais que des plaiſirs honnêtes. Les plaiſirs sont un bien, quand ils s'accordent avec l'honnêteté ; ils deviennent un mal, dès qu'ils s'en écartent.

CXVIII.

CRAIGNEZ de donner priſe aux imputations de la calomnie, quelque fauſses qu'elles puiſsent être : la plupart des hommes, ſans s'informer de la vérité, ne jugent que ſur les bruits vulgaires.

CXIX.

TOUT ce que vous faites, faites-le comme devant être ſu du public : ce que vous aurez caché pendant quelque temps ſe découvrira par la suite.

CXX.

C'EST ſur-tout en ne vous permettant pas vous-même ce que vous déſapprouvez dans les autres, que vous mériterez d'être eſtimé.

CXXI.

SOYEZ avide de ſavoir, & vous deviendrez ſavant.

CXXII.

CONSERVEZ par l'exercice les connoiſsances que vous aurez acquiſes ; acquérez par l'étude celles dont vous serez dépourvu. Ne pas retenir une inſtruction utile, & ne pas garder les préſents de ſes amis, sont deux choſes également honteuſes.

CXXIII.

TOUT ce que vous avez de loiſir, employez-le à écouter les gens inſtruits ; par là vous apprendrez ſans peine ce qu'ils n'ont appris que par un long travail.

CXXIV.

UN tréſor de belles maximes eſt

préférable à un amas de richeſses. Celles-ci sont paſsageres, & nous abandonnent; les autres nous reſtent. De toutes nos poſseſſions, la ſageſse ſeule eſt immortelle.

CXXV.

NE craignez pas de voyager au loin pour aller trouver des hommes qui enſeignent des ſciences utiles. Les commerçants, pour augmenter leur fortune, affrontent hardiment les mers : ne seroit-ce pas dans les jeunes gens une lâcheté honteuſe, de refuſer d'entreprendre des voyages par terre pour enrichir leur eſprit ?

CXXVI.

SOYEZ poli dans vos manieres, & affable dans vos diſcours. La politeſse demande qu'on ſalue le premier ceux que l'on rencontre ; l'affabilité veut qu'on leur tienne des propos honnêtes (1).

CXXVII.

CIVIL envers tout le monde, ne vous familiarisez qu'avec les gens vertueux : c'est le moyen d'éviter l'inimitié des uns, & de vous concilier l'amitié des autres.

CXXVIII.

NE parlez pas trop souvent aux mêmes personnes ni trop longtemps de la même chose : on se lasse de tout.

CXXIX.

PRÉPAREZ-VOUS, par des tra-

---

(1) Isocrate entre dans des détails qui pourroient paroître minutieux, si on ne se rappelloit qu'il écrit à un jeune homme.

vaux volontaires, à ſupporter la fatigue, quand il en sera beſoin.

CXXX.

TRAVAILLEZ à maîtriſer toutes les paſſions auxquelles il vous seroit honteux d'être aſsujetti, la cupidité, la colere, le plaiſir & la douleur. Vous ne vous laiſserez pas aſservir par l'intérêt, ſi vous comptez pour un gain ce qui peut augmenter votre gloire plutôt que vos richeſses : vous ſaurez réprimer la colere, ſi vous vous montrez diſposé à l'égard de ceux qui commettent des fautes, comme vous voudriez qu'on le fût à votre égard ſi vous en aviez commis vous-même : vous ne vous laiſserez pas dominer par le plaiſir, ſi vous regardez comme une honte d'obéir à la volupté, vous qui commandez à des eſclaves : enfin, vous vous affermirez contre l'infortune, en jettant les yeux ſur les miſeres d'autrui, & en vous rappellant que vous êtes homme.

CXXXI.

SOYEZ encore plus religieux à tenir votre parole, qu'à garder un dépôt : celui qui ſe pique de vertu doit être ſi exact dans tous ſes engagements, que ſa ſimple parole ſoit plus sûre que le ſerment des autres.

CXXXII.

S'IL faut ſe défier des méchants, on doit ſa confiance aux gens de bien : mais ne livrez votre ſecret qu'à ceux qui auront le même intérêt de le garder que vous-même.

CXXXIII.

REQUIERT-ON de vous le ſerment ; n'y conſentez que pour tirer vos amis d'un embarras, ou pour vous purger d'une accuſation diffamante. Duſſiez-vous n'affirmer que la vérité, dès qu'il n'eſt queſtion que d'intérêt n'interpoſez jamais le nom des dieux, de peur qu'on ne vous ſoupçonne d'avarice ou de parjure.

CXXXIV.

AVANT de vous lier avec quelqu'un, sachez comment il s'eſt conduit dans ſes premieres amitiés : il eſt à croire qu'il n'en uſera pas autrement avec vous qu'il n'en uſoit avec les autres.

CXXXV.

SOYEZ auſſi difficile à former

des attachements, qu'attentif à ne pas les rompre : il eſt auſſi honteux de changer ſans ceſſe d'amis, que de n'en pas avoir.

CXXXVI.

ÉPROUVEZ vos amis, mais ſans vous compromettre. Feignez des beſoins que vous n'ayez pas, & confiez-leur des ſecrets qu'il vous importe peu qu'ils révelent : s'ils répondent à votre confiance, vous serez plus aſſuré d'eux ; s'ils la trahiſſent, vous n'en recevrez aucun dommage (1).

CXXXVII.

VOUS connoîtrez vos amis à

(1) Les moyens que propoſe l'orateur pour s'aſſurer de la fidélité d'un ami, pourront paroître à quelques perſonnes des ruſes & des artifices peu dignes d'une ame fran-

l'intérêt qu'ils prendront à vos disgraces, & au zele qu'ils montreront dans vos détresses. C'est dans le creuset qu'on éprouve l'or ; c'est dans l'adversité que l'on reconnoît l'ami véritable.

CXXXVIII.

UN des principaux devoirs de l'amitié est de prévenir les demandes de ses amis, & de s'offrir de soi-même pour les secourir dans l'occasion.

CXXXIX.

SI en matiere d'offense il est honteux d'être vaincu par ses ennemis (1), comptez qu'il ne l'est

che & généreuse ; d'autres n'y trouveront que de la prudence.

(1) Les anciens, en général, pensoient que non seulement il n'y avoit pas de mal

pas moins de ſe laiſser vaincre par ſes amis en bienfaits.

CXL.

RECONNOISSEZ pour vrais amis ceux qui s'affligent de vos malheurs, mais plus encore ceux qui ne s'affligent pas de vos ſuccès : pluſieurs partagent les adverſités de leurs amis, qui portent envie à leur proſpérité.

CXLI.

PARLEZ de vos amis abſents devant vos amis préſents, afin que ceux-ci connoiſsent que vous ne les oublierez pas eux-mêmes en leur abſence.

à ſe venger, mais qu'il y auroit eu du mal à ne ſe venger pas, & que c'auroit été une marque de lâcheté & de foibleſse de céder à un ennemi en injure. La vengeance étoit

CXLII.

CHERCHEZ dans vos habits la propreté, non le luxe : le luxe ne se plaît que dans une ostentation vaine ; la propreté s'en tient à une décence honnête.

CXLIII.

AIMEZ les richesses, non pour accumuler des trésors, mais pour en user à propos. Celui qui les entasse & qui ne sait pas en jouir, est aussi digne de mépris qu'un homme qui acheteroit des chevaux à grands frais, & qui ne sauroit pas les monter.

---

chez les Athéniens ce que le point d'honneur est chez les François : tant il est vrai qu'il nous faut un motif plus qu'humain pour nous faire vaincre un sentiment qui n'est que trop naturel.

CXLIV.

DISTINGUEZ dans vos richeſses le nécеſsaire & le ſuperflu : faites-les ſervir aux beſoins & aux agréments de la vie, car c'eſt là poſséder & jouir (1).

CXLV.

N'ESTIMEZ les grands biens que pour être en état de ſupporter une grande perte, ou pour ſecourir, dans le beſoin, un ami honnête : du reſte, n'ayez pour les richeſses qu'un attachement médiocre.

CXLVI.

CONTENT de votre ſituation

(1) Ici l'auteur n'eſt pas facile à entendre ; je ne sais pas ſi j'ai bien ſaiſi ſon idée. Au reſte, la maxime françoiſe, que je crois être celle d'Iſocrate, eſt conforme aux idées de beaucoup de gens du monde, mais

préſente, ne négligez pas de la rendre meilleure.

CXLVII.

NE reprochez à perſonne ſa mauvaiſe fortune : l'avenir eſt incertain, c'eſt le sort qui regle tout ici bas.

CXLVIII.

N'OBLIGEZ jamais que les gens vertueux : vos bienfaits ainſi placés sont un tréſor. Rendre ſervice aux méchants, c'eſt nourrir un chien étranger, qui n'aboiera pas moins après vous qu'après tout autre : les

---

non aux principes du chriſtianiſme, qui nous ordonne d'employer notre ſuperflu, non aux agréments de la vie, mais au ſoulagement des malheureux, & qui nous fait de cet emploi de nos biens une regle & un devoir indiſpenſable.

méchants ménagent auſſi peu ceux qui les ont obligés, que ceux mêmes qui leur nuiſent.

CXLIX.

LE flatteur & le trompeur doivent vous être également odieux; ils sont également à craindre pour quiconque leur donne ſa confiance. Si vous regardez comme vos meilleurs amis ceux qui vous flattent dans vos défauts, vous ne trouverez perſonne qui, pour vous en corriger, veuille encourir votre haine.

CL.

ÉVITEZ tout ce qui peut annoncer l'orgueil, & recevez avec civilité tous ceux qui vous approchent. La fierté & le dédain révoltent même les eſclaves; la politeſſe & l'affabilité ſe concilient tous les cœurs. La politeſse défend de ſe montrer chagrin & contrediſant, de heurter de front ſes amis lorſqu'ils s'emportent même ſans ſujet; elle veut qu'on leur cede dans la colere, & que, pour les avertir, on attende qu'elle ſoit calmée: elle n'eſt pas moins éloignée d'affecter un ton sérieux devant ceux qui rient, que d'aimer à rire devant ceux qui parlent sérieuſement; le contretemps déplaît toujours. L'homme civil oblige autant par ſes manieres que par ſes ſervices, & craint d'imiter ces sortes d'amis qui choquent même en obligeant: il évite ce ton de reproches & de réprimandes qui ne fait que révolter & aigrir les eſprits.

CLI.

FUYEZ les occaſions de boire;

BIBLIOTHEQUE ... R.F.

mais ſi la ſociété vous y engage, retirez-vous avant que d'être ſurpris par le vin. L'eſprit une fois troublé par l'ivreſſe eſt comme ces chars dont les chevaux, ayant jetté bas leur conducteur, sont abandonnés à eux-mêmes, & ſe précipitent au gré de la fougue qui les emporte. De quels écarts l'homme n'eſt-il pas capable, quand la raiſon ne le conduit plus !

CLII.

PAR l'élévation de vos ſentiments, montrez que vous aſpirez à l'immortalité ; & par un uſage modéré des choſes, faites voir que vous vous reconnoiſſez mortel.

CLIII.

VOUS ſaurez combien l'honnêteté dans les propos eſt préférable à la rudeſse, ſi vous ſongez qu'on peut tirer quelque avantage des autres défauts, mais que la groſſièreté nuit toujours. Tel qu'on a offensé par des paroles, s'en venge ſouvent par des effets.

CLIV.

VOULEZ-VOUS devenir l'ami de quelqu'un ? dites du bien de lui devant des gens qui pourront le lui rapporter : nous nous ſentons diſposés à l'amitié pour celui qui dit du bien de nous, & portés à la haine pour celui qui en dit du mal.

CLV.

QUAND vous délibérez, prenez dans le paſsé des exemples pour l'avenir : ce qui eſt déjà connu vous fera juger de ce que vous ne connoiſsez pas encore.

CLVI.

SOYEZ lent à résoudre, & prompt à exécuter.

CLVII.

CROYEZ que si les bons succès viennent des dieux, les bons desseins viennent de nous (1).

CLVIII.

IL peut arriver que vous ayez à consulter vos amis dans des choses sur lesquelles vous craignez de vous ouvrir entièrement; parlez-en sous le nom d'un tiers, & comme d'une affaire qui vous est étrangere : par-

---

(1) Cette maxime a du rapport avec ce que dit Horace : *det vitam, det opes; æquum mî animum ipse parabo* : que Jupiter me donne des jours & des richesses; je me donnerai à moi-même la modéra-

là, ſans vous être compromis, vous ſaurez ce qu'ils penſent.

CLIX.

LORSQUE vous voudrez prendre conſeil d'un autre pour vos affaires, examinez d'abord comment il a adminiſtré les ſiennes : quiconque a mal réglé ſes affaires propres ne conduira guere mieux celles d'autrui.

CLX.

RIEN ne vous portera davantage à délibérer mûrement, que de réfléchir ſur les inconvénients des dé-

---

tion : mais elle n'eſt pas conforme aux idées chrétiennes, qui nous repréſentent Dieu comme auteur de tout ce que nous faiſons, de tout ce que nous diſons, de tout ce que nous penſons de bien.

libérations précipitées : c'eſt ainſi qu'on n'eſt jamais plus porté à ménager ſa ſanté, qu'en ſe rappellant les suites fâcheuſes de la maladie.

CLXI.

SI vous vivez auprès des rois, prenez leurs mœurs & leurs uſages (1). En vous voyant partager leurs goûts, ils croiront que vous les approuvez : c'eſt le moyen le plus ſimple de fixer ſur vous la conſidération du public & la faveur du prince.

---

(1) *Prenez leurs mœurs & leurs uſages*, ſans doute, pourvu que ces mœurs ne ſoient pas mauvaiſes, & que ces uſages ne ſoient pas criminels : autrement cette maxime ne ſeroit point d'une ſaine morale.

CLXII.

OBÉISSEZ aux loix établies par les monarques ; mais regardez surtout leur volonté comme la loi suprême. C'est le peuple qu'il faut ménager dans une démocratie ; dans une monarchie, c'est au souverain seul qu'il faut plaire. (1)

CLXIII.

QUAND vous serez en place, évitez d'employer des hommes vicieux, bien persuadé qu'on vous imputera ce qu'ils pourront faire de mal.

---

(1) Isocrate écrivant à un jeune homme élevé sous un gouvernement populaire, & transplanté à la cour d'un monarque, lui recommande la soumission la plus parfaite aux volontés du prince sous les loix duquel il vit.

CLXIV.

SORTEZ des emplois plus estimé, non plus riche : les éloges du public sont préférables aux richesses.

CLXV.

NE secondez ni ne défendez une mauvaise action ; car on croiroit que vous pourriez faire vous-même ce que vous excusez dans autrui.

CLXVI.

NE négligez pas de vous élever au-dessus des autres en pouvoir ; mais dans votre élévation montrez-vous juste envers tout le monde : ainsi l'on verra que ce n'est point par foiblesse, mais par esprit d'équité, que vous rendez à chacun ce qui lui est dû.

CLXVII.

A DES richesses mal acquises,

préférez une pauvreté ſans reproche : les richeſses ne peuvent nous être utiles que pendant la vie ; au lieu que la probité nous comble de gloire même après la mort. Les unes ne sont que trop ſouvent le partage des méchants ; l'autre eſt l'apanage des ſeuls gens de bien.

CLXVIII.

N'ENVIEZ pas la fortune du méchant qui proſpere, mais plutôt le sort de l'homme de bien qui ne méritoit pas de ſouffrir. Celui-ci, n'eût-il pour le préſent aucun autre avantage, aura toujours de plus que l'homme injuſte l'eſpoir d'un heureux avenir.

CLXIX.

CONTENTEZ-VOUS d'un soin raiſonnable pour ce qui regarde le

corps; mais cultivez ſoigneuſement votre eſprit. Un bon eſprit eſt ce qu'il y a dans l'homme de plus grand réuni à ce qu'il y a de plus foible.

CLXX.

FORTIFIEZ par le travail votre corps, & votre eſprit par l'étude : l'un vous ſervira d'inſtrument pour exécuter ce que vous aurez réſolu; l'autre vous éclairera ſur les réſolutions qu'il faut prendre.

CLXXI.

AVANT que de parler, penſez à ce que vous allez dire : la langue, dans pluſieurs, prévient la réflexion.

CLXXII.

NE parlez que quand vous êtes parfaitement inſtruit, ou lorſque vous êtes obligé de rompre le ſilence. C'eſt alors ſeulement qu'il vaut mieux parler que de ſe taire; hors de là, il vaut mieux ſe taire que de parler.

CLXXIII.

Il n'eſt rien de ſtable ici-bas. Que cette vérité vous ſoit toujours préſente; & vous ne vous laiſserez ni tranſporter par la joie dans la proſpérité, ni abattre par la douleur dans la diſgrace.

CLXXIV.

Dans les bons ou mauvais ſuccès, ne vous réjouiſsez ni ne vous affligez outre meſure, & n'expoſez jamais aux yeux du public votre joie ni votre triſteſse. Il eſt étrange que, tandis que l'on prend tant de soin à cacher ſon argent, on promene par-tout avec indiſcrétion les ſentiments que l'on éprouve.

CLXXV.

REDOUTEZ plus l'infamie que le danger : il n'y a que le méchant qui doive craindre la mort ; l'homme de bien ne doit appréhender que l'ignominie.

CLXXVI.

NE vous jettez pas dans le péril ſans néceſſité ; mais s'il vous faut courir les haſards de la guerre, ne craignez que la honte, & ne cherchez votre salut que dans votre courage. Mourir eſt la deſtinée commune des hommes ; mourir avec gloire eſt le privilege de l'homme vertueux.

CLXXVII.

POUR vous inſpirer encore davantage le goût des choſes honnêtes, ſongez qu'il n'exiſte de vrais plaiſirs que ceux qu'elles procurent. Dans l'état d'une molle indolence, & dans une entiere ſatisfaction des ſens, la peine suit de près le plaiſir ; on commence par l'un, & l'on finit par l'autre. Au lieu que les efforts & les ſacrifices que demandent la pratique de la vertu & l'attention à régler ſagement ſa vie, sont toujours récompensés par une volupté ſolide & pure : le plaiſir vient après la peine. Or, en toutes choſes, le ſouvenir du paſsé eſt beaucoup moins vif que le ſentiment du préſent ; & d'ordinaire, quand on ſe porte à une action, c'eſt moins pour l'action même, que pour ce qui doit en réſulter.

CLXXVIII.

SONGEZ encore que les hommes ſans principes ont le droit de faire tout ce qu'ils veulent; c'eſt ſur ce ton qu'ils ſe sont annoncés dans le monde : mais ceux qui ſe piquent de régularité ne ſauroient, ſans mériter les reproches du public, ſe négliger dans la pratique de la vertu.

CLXXIX.

Les maximes ſuivantes sont extraites de divers diſcours du même Auteur : elles offrent chacune différents points de morale qui n'ont aucune liaiſon entre eux.

IL importe bien plus aux états qu'aux particuliers de fuir les vices & de pratiquer les vertus. L'homme impie & pervers peut mourir avant que d'avoir ſubi la peine de ſes crimes ; au lieu que les empires, qui sont en quelque sorte immortels, laiſsent aux dieux & aux hommes le temps de les punir.

CLXXX.

ORDINAIREMENT on eſt diſposé à ménager ceux qui sont prêts à ſe défendre ; au lieu qu'on exige d'autant plus, qu'on trouve moins de réſiſtance.

CLXXXI.

QUELQUE eſtimable que ſoit celui qui eſt modéré par caractere, on doit eſtimer davantage celui qui l'eſt encore par réflexion & par principes. Tout homme qui n'eſt vertueux que par inſtinct, peut changer par caprice ; mais lorſqu'à un heureux penchant il joint cette conviction que la vertu eſt le plus grand des biens, on doit préſumer qu'il ne s'écartera jamais des ſentiments qu'elle inſpire.

CLXXXII.

IL n'eſt rien dans la nature qui ſoit bon ou mauvais abſolument; c'eſt de l'uſage des choſes & de celui des circonſtances, que réſulte le bien ou le mal. Dans le bonheur, il faut deſirer la paix, parcequ'un état de tranquillité eſt plus propre à nous aſsurer la jouiſsance des biens que nous avons acquis: dans le malheur, il faut ſonger à la guerre, parceque c'eſt au milieu du trouble & du tumulte & par la hardieſse des entrepriſes qu'on pourra voir la fortune changer.

CLXXXIII.

TOUS ne doivent pas agir de

même dans les mêmes circonſtances ; chacun doit ſe régler ſur les principes qu'il a adoptés d'abord.

CLXXXIV.

La lâcheté d'un peuple ne ſe montre pas moins dans les délibérations où il s'agit d'entreprendre la guerre, que dans la maniere dont il la fait. La fortune a la plus grande part aux événements des combats : les réſolutions d'une république dénoncent ſes vrais ſentiments.

CLXXXV.

Ce qui rend & maintient floriſſant un état, ce n'eſt ni la force ni la beauté des murailles, ni une grande multitude d'hommes raſſemblés dans la même enceinte, mais l'excellence & la ſageſse du gouvernement. Le gouvernement eſt pour une république ce que la raiſon eſt pour l'homme. Il en eſt l'ame : lui ſeul fait trouver des reſſources dans toutes les affaires, éloigne les diſgraces & fixe le bonheur. Citoyens, miniſtres, loix, tout ſe forme ſur lui ; & la félicité des peuples dépend de la bonté du régime politique.

CLXXXVI.

LES exploits des ancêtres peuvent faire honneur à ceux de leurs deſcendants qui s'efforcent de marcher ſur leurs traces ; mais ils couvrent de honte ceux qui, par leur molleſſe & par leurs déſordres, déshonorent une auſſi noble origine.

CLXXXVII.

TOUS les hommes aſpirent au

bonheur, mais tous ne ſavent pas ce qui peut les conduire au terme; & chacun a ſa maniere de voir. Il en eſt qui enviſagent comme il faut le but qu'ils ſe propoſent, & qui ſe mettent en état d'y parvenir; d'autres prennent une route toute opposée, & le manquent abſolument.

CLXXXVIII.

Le ſage ne perd pas le temps à délibérer ſur ce qu'il sait déjà; il agit d'après ſes propres lumieres. Lorſqu'il délibere, loin de ſe regarder comme éclairé ſur l'avenir, il ſe perſuade qu'on ne peut rien ſavoir que par conjectures, & que la fortune ſeule peut décider de l'événement.

CLXXXIX.

Si l'on a trouvé une infinité de

remedes pour les maladies du corps, il n'en eſt qu'un ſeul efficace pour les vices, qui sont les vraies maladies de l'ame; c'eſt de ſouffrir qu'on nous reprenne courageuſement de nos fautes. En effet, ne seroit-ce pas une inconséquence bien étrange, d'endurer les opérations les plus douloureuſes, le fer & le feu, pour prévenir de plus grands maux, & de commencer par rejetter des conſeils avant que de ſavoir s'ils sont utiles?

CXC.

C'EST moins ſur les fautes de ſes ennemis qu'on doit fonder ſes eſpérances, que ſur l'état de ſes affaires, & ſur la ſageſse de ſes conſeils. Les ſuccès dus à l'imprudence d'autrui sont de courte durée, & ſujets à de triſtes retours ; au lieu que ceux qu'on ne doit qu'à soi-même ont une baſe ſolide, & sont moins exposés au changement.

CXCI.

RIEN de ſi dangereux que le pouvoir ſans borne envié par tous les hommes : il ôte le ſens & la raiſon à ceux qui s'y attachent ; en un mot, il peut être comparé aux courtiſanes, dont les charmes attirent & perdent ceux qui s'y abandonnent.

CXCII.

LES ſervices qu'on reçoit dans la détreſse sont ceux qu'on oublie le moins.

CXCIII.

LA rudeſse du caractere nous eſt auſſi nuiſible à nous-mêmes qu'à ceux qui nous approchent : au lieu que la douceur ſe fait aimer non ſeulement dans les hommes, dans les animaux & dans tous les êtres, mais encore dans les dieux. Nous appellons habitants de l'Olympe les divinités bienfaiſantes ; nous donnons des noms plus triſtes (1) à celles qui préſident aux calamités & aux châtiments. Les particuliers & les villes élevent des temples & des autels pour les unes, tandis que l'on ſe contente d'appaiſer les au-

(1) Ces noms répondent aux mots françois, *nuiſibles*, *pernicieux*. Les divinités qui préſidoient aux châtiments étoient les Furies, & autres. Quoique les Furies euſsent un autel à Athenes dans l'Aréopage, afin de rappeller le jugement que ce tribunal avoit rendu contre elles en faveur

tres par des cérémonies lugubres, ſans les honorer ni dans les prieres ni dans les ſacrifices.

CXCIV.

SI nous n'avons tous qu'un corps mortel, les éloges prodigués à la vertu & la durée d'un nom célebre nous font participer à l'immortalité, dont le deſir doit ſoutenir & enflammer notre courage.

CXCV.

EN général, on comble de louanges ceux qui brûlent d'augmenter

---

d'Oreſte ; pour l'ordinaire on n'élevoit point d'autel à ces sortes de divinités, & on ne leur faiſoit point de ſacrifices ; on cherchoit ſeulement à les appaiſer par des cérémonies appellées *apopompai*, cérémonies qui tendoient à détourner le mal qu'elles auroient pu faire.

ſans ceſse le tréſor de gloire qu'ils poſsedent; tandis que ces hommes fortement attachés aux objets qu'admire le vulgaire, ne sont regardés que comme des ames viles & intéreſsées.

CXCVI.

LA mort au milieu des armes n'eſt pas toujours glorieuſe : il n'eſt beau de mourir à la guerre que pour ſes parents, pour ſes enfants, pour ſa patrie: mais lorſqu'en mourant on ne feroit que cauſer leur ruine, flétrir ſa gloire, & anéantir le fruit des ſuccès paſsés, le trépas n'eſt qu'une ignominie.

CXCVII.

LA force & la vîteſse périſsent avec l'homme; au lieu que les ſciences & les arts lui ſurvivent, & ſubſiſtent toujours pour l'avantage du genre humain. D'après ces réflexions, les gens ſensés doivent eſtimer ſur-tout les citoyens juſtes & sages qui les gouvernent; & après eux, les compatriotes qui les honorent par leurs talents. Les hommes diſtingués en tout genre rendent leur patrie célebre; & par eux ſeuls on juge de tout un peuple.

CXCVIII.

POUR l'ordinaire, on ne vante & on n'eſtime pas autant les fils qui font revivre des peres eſtimables, que ceux, par exemple, qui, nés de peres durs & cruels, montrent des inclinations tout opposées. Et en général on eſt plus ſatisfait d'un bien ineſpéré, que d'un avantage auquel on avoit droit de s'attendre.

CXCIX.

FAIRE l'éloge d'une vertu extraordinaire, n'eſt pas moins difficile que de louer un mérite médiocre. Ici les actions manquent à l'orateur; là les diſcours manquent aux actions.

CC.

IL vaut infiniment mieux être ſuffiſamment inſtruit de choſes eſſentielles, que de connoître parfaitement des choſes inutiles; & avoir quelque ſupériorité ſur les autres dans des objets intéreſsants, que de briller dans de pénibles bagatelles.

CCI.

REPRENDRE dans le deſsein d'offenſer, c'eſt le rôle d'un accuſateur : reprendre avec le deſir de corriger, c'eſt l'office d'un ami qui cherche à être utile ; & il faut juger différemment du même diſcours prononcé avec des intentions différentes.

CCII.

Voici ce que dit Iſocrate des Athéniens dans les plus beaux temps de leur adminiſtration, du tribunal de l'Aréopage dans ſes plus beaux jours, & de l'attention qu'ils prenoient à former la jeuneſse.

Le ſervice de la patrie étoit pour les Athéniens, non un commerce où ils euſsent à gagner, mais un miniſtere où ils payoient de leurs perſonnes. Leur premier soin, lorſqu'ils entroient en exercice, étoit d'examiner, non ſi leurs prédéceſseurs avoient négligé quelque profit, mais ſi quelque objet eſsentiel avoit échappé à leur vigilance.

Les citoyens indigents, loin de porter envie aux riches, étoient auſſi zélés pour les intérêts des maiſons opulentes, que pour les leurs propres, perſuadés que la proſpérité de ces maiſons étoit pour eux une reſsource toujours ouverte. Les citoyens fortunés, ſans mépris pour l'indigence, regardoient comme une honte pour eux la pauvreté de leurs compatriotes, & les ſecouroient dans leurs beſoins.

On peut juger de ce qu'étoit anciennement l'Aréopage par ce qui s'y paſse encore de nos jours. A préſent même, tous ceux qui en deviennent membres, quelle qu'ait été leur conduite & quel que ſoit leur caractere, n'y sont point plutôt entrés, que rougissant de se livrer à leurs mauvaises inclinations, ils les sacrifient à l'esprit du corps. Tant nos peres surent inspirer de crainte aux méchants, & imprimer dans le lieu de leurs assemblées un souvenir ineffaçable de leur vertu & de leur sagesse!

Ce tribunal étoit donc celui des mœurs. Croire qu'il y aura de meilleurs citoyens où il y aura de meilleures loix, c'étoit une erreur, selon nos ancêtres : car, dans cette supposition, rien n'empêcheroit que tous les Grecs ne fussent également vertueux, chaque peuple pouvant emprunter des autres leurs réglements. Mais ce ne sont pas ces réglements, c'est une régularité constante qui fait croître & qui fortifie la vertu. La plupart des hommes se conduisent selon les principes dans lesquels ils ont été nourris. Quant à la précision des loix & à leur multitude, elles ne font qu'annoncer la décadence d'un état : ce sont autant de digues qu'il a fallu opposer aux crimes à mesure qu'ils se multiplioient. Aussi des citoyens sages, au lieu de couvrir de loix (1) les murs de leurs portiques, s'occupoient à graver dans leurs cœurs des principes de justice. Non, ce n'est point par des décrets, c'est par

(1) Les loix à Athenes étoient gravées sur des tables de bois ou d'airain, & suspendues sous les portiques des principaux édifices, pour que tout le monde pût les lire.

les mœurs, qu'une république eſt bien gouvernée. Celui qui a contracté l'habitude du vice ne craindra pas d'enfreindre les plus beaux réglements : celui au contraire qui a pris de fortes impreſſions de vertu ſe conformera volontiers aux ordonnances utiles. Pénétrés de ces vérités, nos ancêtres cherchoient moins à punir les déſordres, qu'à prévenir tout ſujet de punition. Ils croyoient que c'étoit là leur office, & que le soin des châtiments devoit être abandonné à des ennemis.

Leur attention s'étendoit ſur tous les membres de l'état, mais principalement ſur la jeuneſse. Ils voyoient que cet âge, dominé par une activité inquiete, & tyrannisé par une foule de paſſions violentes, a ſur-tout beſoin qu'on tourne ſes penchants du côté de la vertu, & qu'on l'occupe de travaux qui lui plaiſent; que pour être ferme dans de bons principes, il faut avoir reçu une éducation honnête, & avoir été imbu de ſentiments généreux. Les facultés étant différentes, il n'étoit pas poſſible de preſcrire à tous les mêmes exercices : ils ſe régloient donc ſur les biens de chacun. Ceux qui avoient une fortune modique, ils les tournoient du côté de l'agriculture & du commerce, convaincus, par une multitude d'exemples, que la pareſſe fait naître les beſoins, & que les beſoins engendrent le crime : ainſi, en retranchant le principe des vices, ils penſoient avoir ſupprimé toutes les fautes qu'ils produiſent.

Les plus riches, ils les occupoient des exercices du cheval, de la chaſse & du gymnaſe, & les appliquoient à l'étude des ſciences & des lettres ; aſsurés que par-là ils deviendroient des hommes diſtingués, ou que du moins ils éviteroient tous les déſordres de leur âge.

Après les avoir ſurveillés dans l'adoleſcence, ils ne les perdoient pas de vue le reſte du temps. Diviſant les campagnes en bourgs & la ville en tribus, ils avoient l'œil ſur la conduite de chaque particulier. Ceux dont la vie n'étoit pas réguliere étoient cités devant l'Aréopage, qui avertiſsoit les uns, menaçoit les autres, ou les puniſsoit ſelon qu'ils l'avoient mérité. Ils ſavoient qu'il eſt deux moyens de porter au crime, ou d'en détourner; que chez les peuples où l'on ne ſonge ni à le prévenir, ni à le punir, où les tribunaux pechent par trop d'indulgence, les meilleurs naturels ſe pervertiſſent; mais que par-tout où il eſt auſſi difficile aux coupables de reſter cachés, que d'obtenir grace quand ils sont découverts, le vice diſparoît & les mœurs s'épurent.

CCIII.

Il y a dans la harangue ſur la paix un lieu commun ſur la juſtice, que l'on a cru devoir citer ſans en rien omettre.

Il eſt des hommes qui ont eu le front de dire que l'injuſtice, quoique généralement abhorrée, étoit profitable dans la plupart des circonſtances; que l'équité, au contraire, quoiqu'eſtimée & reſpectée, étoit nuiſible à nos intérêts, & moins avantageuſe pour nous-mêmes que pour ceux avec qui nous avons à vivre. Ils ſe trompent, ſans doute, & ils ne voient pas que rien n'eſt plus propre à nous obtenir de vrais avantages, de vrais ſuccès, la vraie gloire, le vrai bonheur en un mot, que la pratique de toutes les vertus. En effet, ce sont les qualités de l'ame qui nous aſsurent la poſseſſion des biens que nous pouvons deſirer; ainſi négliger de perfectionner ſon ame, c'eſt négliger, ſans le ſavoir, le moyen le plus convenable pour ſe rendre & plus éclairé & plus heureux que les autres. Pourroit-on, d'ailleurs, ſe figurer que les perſonnes les plus fideles au reſpect que nous devons aux dieux & à la juſtice due aux hommes, prêtes à tout faire & à tout ſouffrir pour ne s'en écarter jamais, seront moins favorisées que les pervers, & ne jouiront d'aucun privilege ni auprès des dieux ni auprès des hommes ? Quant à moi, je suis perſuadé qu'elles ſeules peuvent ſe procurer des avantages ſolides, & que les ſuccès des méchants sont toujours funeſtes. Ces hommes injuſtes qui cherchent à envahir les poſſeſſions d'autrui, & qui regardent cette uſurpation comme un grand bien, ſemblables à ces animaux voraces qui ſe laiſsent prendre à des appas groſſiers, ſaiſiſsent avidement leur proie, mais bientôt après tombent dans l'excès du malheur. Au lieu que les ames juſtes & religieuſes jouiſsent pour le préſent d'un état sûr & tranquille, & peuvent ſe promettre encore pour le reſte de leur vie un bonheur ſolide & durable. S'il eſt des exemples contraires, du moins sont-ils fort rares. Or, puiſqu'il ne nous eſt pas donné de percer dans l'avenir, & d'y lire avec certitude ce qui doit nous arriver d'heureux, il eſt de la prudence de choiſir ce qui eſt le plus communément utile. Enfin, ne seroit-ce pas une contradiction viſible de croire que l'équité eſt une diſpoſition de l'ame plus agréable aux dieux que l'injuſtice, & de penſer que les hommes juſtes meneront une vie plus misérable que les méchants?

CCIV.

UN orateur qui ſe prête au goût

de ceux qui l'écoutent parvient d'autant plus aisément à les induire en erreur, que le plaisir qui naît de ses discours est comme un voile qui leur dérobe la vérité. Nous n'avons rien de semblable à craindre de celui qui se pique de franchise : comme il ne cherche pas à nous séduire, ce n'est qu'en nous éclairant sur nos vrais intérêts, qu'il nous fera changer de sentiment.

CCV.

On ne peut ni juger du passé, ni délibérer sur l'avenir, si l'on ne compare les différents avis, & si on ne les a écoutés tous sans aucune espece de prévention.

CCVI.

La modération coûte à la plupart des hommes : ils aiment tant à

Enfin, chaque république n'étoit aux yeux de chacun qu'une ville particuliere; la Grece étoit une patrie commune.

CCXVI.

CES hommes, qui ſe montrent sous des dehors impoſants, qui, par l'étalage de leur ſcience, ou par l'affectation de leurs vertus, cherchent à ſe faire eſtimer plus qu'ils ne valent, ne sont ſouvent que des impoſteurs dangereux. Les sages, au contraire, qui ont établi & réglé le culte de la divinité, euſſent-ils exagéré les peines réſervées au crime, & les récompenſes deſtinées à la vertu, sont les vrais bienfaiteurs du genre humain: oui, c'eſt à ces mortels reſpectables, qui les premiers nous ont inſpiré la crainte des dieux, que nous devons l'avantage de n'avoir pas vécu comme les brutes.

FIN.